尊重自己

[美] 维吉尼亚·萨提亚（Virginia Satir）著
朱丽文 译

世界图书出版公司
北京·广州·上海·西安

图书在版编目（CIP）数据

尊重自己 / (美) 维吉尼亚·萨提亚著；朱丽文译. —北京：世界图书出版公司北京公司，2014.11（2024.12 重印）
书名原文：Self Esteem
ISBN 978-7-5100-8091-3

Ⅰ.①尊… Ⅱ.①萨… ②朱… Ⅲ.①心灵修养—心理学 Ⅳ.①B849
中国版本图书馆CIP数据核字（2014）第123024号

尊重自己

著　　者：[美] 维吉尼亚·萨提亚（Virginia Satir）
译　　者：朱丽文
责任编辑：李晓庆
装帧设计：刘　岩
插　　图：徐寅虎

出　　版：世界图书出版公司北京公司
出 版 人：张跃明
发　　行：世界图书出版公司北京公司
销　　售：全国新华书店
印　　刷：河北鑫彩博图印刷有限公司

开　　本：787 mm×1092 mm　1/32
印　　张：4
字　　数：100千
版　　次：2015年1月第1版　2024年12月第12次印刷
版权登记：01-2013-4643

ISBN 978-7-5100-8091-3　　定价：28.00元

让幸福的能量永驻

——“萨提亚生命能量之书”系列缘起

从引进第一本萨提亚的图书至今，萨提亚这个名字已经在中国大地上被广为传颂。为什么？因为有太多太多的个人因着她的理论、她的智慧而重获心灵的自由和身心的成长，太多太多的家庭因着她的洞见与分享让爱重新流动，让和谐幸福满溢。

第一批引入的图书《新家庭如何塑造人》《萨提亚家庭治疗模式》《萨提亚治疗实录》已经将萨提亚的理论框架和治疗方法与过程阐述得非常清晰，在此基础之上，我们又精心推出了这套“萨提亚生命能量之书”系列，让大师的身心能量再次被传导，使理智与感性交融，认知与体验并生，使读者在此书系细腻、亲切的引导中，与自己的心灵约会，与家庭的问题和解，追寻人生的幸福与喜悦。

如果你是熟悉萨提亚家庭能量的读者，那么你一定很快就被这套书吸引，因为它在家庭理论之外，会带给你一场更加直接的幸福体验；如果你原本并不熟知萨提亚的家庭能量秘密，它也同样可以为你打开一扇通向宁静的内心之窗，让幸福之光照入你的心灵，永驻于生命之中。

文 / 于彬

序一

维吉尼亚•萨提亚（1916—1988）是真正“家庭治疗”的先驱。当她还是一名年轻教师时，就致力于帮助整个家庭而非单个学生解决问题。她拿到芝加哥大学社会工作专业的硕士学位后，更专注于整个家庭的工作。不同于当时心理治疗领域所流行的对“个体”的关注，萨提亚开创了“家庭治疗”的先河。二十世纪九十年代中期，一项重要的研究评价她为“本世纪最具影响力的治疗师”之第五位，与荣格和罗杰斯比肩。她也是西方世界享有最高荣誉的十位治疗师中唯一的女性。

如今，萨提亚的学识（即“萨提亚模式”）在中国广为流传。她的理论思想虽然看起来简单，却十分有效且内涵丰富。例如，萨提亚教导我们，我们都是同一宇宙生命空间中独一无二的存在，我们在同一时刻既是独特的又是无差别的；从本质上讲我们都是积极向上的能量体，并拥有管理自身生命发展的全部内在资源；我们都具有高自尊，能够对自己的人生负责，同时能够与自我以及我们生活的外部世界和谐共处。

和中国人一样，萨提亚认同“三代家庭”模式的重要性。在这样的家庭中，孩子可以通过父辈言传身教的爱、接纳与关照去学习和经历自身的内在成长，父母也因被激励成为孩子的榜样而具有高度的责任感与自尊。

像中医一样，萨提亚将其系统思维带入治疗方法之中，以帮助人们变得更健康、更快乐和更成功。家庭是我们成长和治愈伤痛的主要系统，亦是我们情绪问题的主要来源。

萨提亚是世界性的导师，实践着她的所言所行，且知识渊博。除了她的理论著作，她出版了这四本书以帮助那些想要更好地认识与管理自我、与他人建立联结的人。萨提亚坚信，人都是有价值的，并且能够照顾好自己。她有一套与人联结并鼓励他们照顾好自己的独特关怀方式。这四本书各自有着特殊的价值，能够帮到那些相信自己值得过得幸福的人们。所以，在中国文化背景下，这四本书所传达的信息对读者大有裨益。

例如，冥想时，萨提亚通过教导人们反思自己的内在进程、感受自己的生命能量来让自己获得内在的平静，并聚焦于新的、积极的可能性。《沉思冥想》中这些简短的言语冥想和激励可以帮助读者进行自我觉察，主导自己的内在世界。它们能帮助我们更好地准备自己、迎接未来，可以作为晨起的习惯帮助我们清理思绪、迎接工作。书中所见的绝大部分冥想方法，都是萨提亚在培训的开始和结束时会用到的。我建议读者在快速阅读完该书后，再从头品味一遍，每天早晨从中选出一到两种冥想方法，花几分钟时间去思味其中所传递的信息。

《尊重自己》中“我就是我”这首诗美妙地表达了对每个生命的独特性的赞美和欣赏，它意指所有关于你的一切，包括你的身体、你的思想、你的感受，你的成功与失败。即使你不了解自己的全部，也要爱自己。接受那些适合自己的，抛弃那些不再适合自己的。我希望你们能经常读读这首诗，逐渐内化它所蕴含的意义。对“我是谁”的认识越深入，我们就越能与自己和他人和谐相处。

《心的面貌》是将自己看成由不同部分组成的一个完整个体。其中包括我们喜欢的部分，我们不喜欢的部分，我们将之隐藏的部分，以及我们想要展示的部分。随着你对自己的认识越来越深入，你会发现，这些不同的部分之间会时有冲突。此时，不要在冲突中驻足，再深入挖掘每一部分，找出其中那些好的意图和积极的渴望。每一部分都是在表达你自己，或是邀请你让生命变得更有意义、更加均衡。仔细倾听。早期的信息并不总是很清晰，每一部分所传达的意义都可能成为有价值的问题。

在《与人联结》中，萨提亚强调了个体层面人际交往的必要性。人与人之间的联结应该是真诚的，是开放的，是健康的。她始终信仰直接、坦诚的人际关系。我发现，中国人在谈论商业议程以前，会通过各种社会交往方式先与陌生的对方取得联系、增进了解，这也是萨提亚非常认同的。与真实的自我相联结，与自我的深层渴望相联结，并对这一渴望做出回应，是她工作的深层目的。她一直致力于此。虽然身处多重关系和角色中，我们依然是独一无二的个体。与自我联结、与他人和谐共处，就是我们生命的一部分。

我很开心为大家推荐这四本书，这十年间，我在中国的多次教学经验让我相信，这四本书对于那些寻求更深入的自我了解、内在平静与和谐的人，以及寻求人际和谐的人，甚至我们所有人而言，都是十分及时的。

文 / 约翰 • 贝曼

2014 年 6 月

序二

自 1983 年跟随维吉尼亚 • 萨提亚大师学习至今，萨提亚模式已陪伴我三十余载。学习萨提亚之前，我的状态并不好。初入香港萨提亚课堂时，我还不是很清楚她到底在做什么，但我仍一步步地跟随她及其三个徒弟（John Banmen，Maria Gomori，Jane Gerber）学习，为了救自己，帮助自己成长。慢慢地，我得以释放自我，接纳自我，并重获了多彩的生活。

我致力于将萨提亚模式引入中国大陆发展，是因为萨提亚模式已成为我生命中不可或缺的自助助人的好伙伴，它不仅能够很温柔却很敏锐地直指问题的核心，更具备自我重塑与生命关系转化的神奇力量，进入萨提亚课堂的人，都能在这一力量中重新认识自我，迈向新的人生阶段。

萨提亚是个很聪明的人，她学习了很多心理治疗的方法，观察了几千个家庭的沟通方式，并发展出了一套自己的理论体系。她认为人的一生中有两个家庭，一个是我们从小长大的家庭，有爸爸妈妈和兄弟姐妹，叫原生家庭，另一个是我们长大以后结婚成立的新家庭。一个人与其原生家庭及其成长经历之间会有难以割断的联结，将影响其一生的发展。

每个人与生俱来就对父母和世界有强烈的渴望——渴望被爱，渴望沟通。但当我们的渴望未被满足，当我们被失望、悲伤、愤怒的情感困扰时，我们是否能对自己的内在有所觉察？当我们抱怨或者发泄时，我们是否能够意识到那源于内在的不满足？我们是否有对自己所有的情绪、行为、语言负起责任，从而获得和谐一致的生命品质？内在和谐，人际才会和睦，世界才会和平。改变永远是可能的。

萨提亚给人的改变不是谆谆教导，而是自生命深处流淌出来的关怀与肯定的能量。她希望每个人都能看到生命中的期待和感受，看到真正的自我，正如她在《尊重自己》中说的那句话：我就是我，天下之大，却没有一个人完全如我，我拥有我的幻想、我的梦想、我的希望和我的恐惧。

这套“萨提亚生命能量之书”，正是萨提亚体系的能量核心，区别于其理性分析的治疗手段，这套书更像一台让生命能量重新流动与传递的启动机，它让我们回归原始自我，找回最初的生命力量。希望它能帮助所有读者重新接纳自我，体味幸福。

文 / 蔡敏莉

2014 年 6 月

序三

和诸多热爱萨提亚治疗模式的人一样，一经接触，我就深深地被她的体系所蕴含的温暖和灵动力量吸引。虽学习萨提亚体系近十年，但此次受邀写序，我仍如初学时那般兴奋不已。

想要说清有萨提亚理念相伴的蜕变历程，不是一件容易的事。我还清楚地记得当初学习时的那份羞涩和“超理智”的经验。记得在第一次的萨提亚课堂上，治疗师用道具和角色扮演摆出来访者的创伤雕塑时，在场的每个人都被震撼了。治疗师那尖锐中充满悲悯的语言，深深地触动了我的心。我的喉咙发紧，眼睛开始潮湿，但我拼命地提醒自己，不能让眼泪掉下来。

尽管当时完全看不懂治疗师在做什么，我还是用尽脑力搜索记忆中储存的相关专业名词，试图用我顽强的理性堤坝去阻隔那即将喷发而出的感情洪流。之后，经历了一个漫长的混乱期，经过了数不清的眼泪冲刷，当笑容轻轻地在脸上绽放时，我不再纠结悲伤和喜悦哪个在智能上更深刻，哪个更高尚。

尽管我深知有许多业界前辈对一代宗师萨提亚的理论体系有着深刻的领悟和浓烈的爱，我还是乐于分享我在实践萨提亚模式中所获得的直接感悟。在治疗师和来访者的工作情境中，萨提亚强调咨询目标应以导向成长为优先考量，症状只是人们在应对成长压力时的惯性解决之道，从而打破了应该和不应该的局限，更是超越了好与坏、对与错的表面意义。她对天然力量的感应与敬仰，体现在她对“人类来自宇宙生命能量”信念的确认上。萨提亚治疗体系的任何一个理论和工具，无不沁润在这种精神之中，即将来访者的内在成长推向更加柔软、更加开放、回归自然本源的方向上。

读萨提亚的书，我能感受到她的精神中洋溢出来的温暖和肯定的力量。她独特的语言如春风化雨般，句句打开心扉，拓宽感知的触觉，精细而流畅。她宽广而又慈悲的心灵，是那样轻而易举地沁入我们心底的渴望，像是与一位等待多年的老友相逢般亲切、畅快。

此次由世界图书出版公司出版的这四本萨提亚女士的图书，将带你领略萨提亚作为天才的沟通大师的超凡直觉力，并会一步步指引你找到内心深藏的丰富资源，用来自你本质的声音唤醒你忆起“我是谁”，并将生动、完整的生命形象印刻在你的意识之中，进而创造出更加积极、坦诚、美好的生命体验。

文／郭晓洁

2014 年 6 月

自序

写这本书的时候，我已经从事心理治疗和培训工作将近四十年了。在我生命中总有一些特别的时刻，那时所有的事情会以崭新的面貌呈现在我眼前。而此刻，对我而言，正是这样一个创新的时刻。我透过不同的镜子观察我的世界中的自己，直到某些新的事物凝聚成形，使我对我的世界中的自己有了全新的认识。撰写这本书，正是我一项新探索的开始。

在加州的帕罗奥多，一个早春星期二的午后，空气中充满了清新的气息，透过敞开的窗户，阳光洒了一屋，微风掀动窗帘，在墙上捕捉跃动的光影，这里是我的房间，我的办公室。玛瑞亚，是一个迷人、热情、略带忧郁有时又非常愤怒的十五岁女孩。在我们相识的三年里，我们之间已经培养出极深的信任感。我们初识的时候，她才十二岁，那时她彷徨无助，不知道怎样从家庭的困惑、痛苦和挣扎中找出一条属于自己的路。对于她的困境，其实你我都不会感到陌生。在分享过程中，玛瑞亚谈到一个与母亲有关的伤痛经历。她当时看着我，眼神中充满无助与绝望。她含着泪，愤怒地问了一个问题："生命究竟是怎么回事？生命根本是毫无道理的！生命的意义到底是什么？"就在那个时刻，在那样的情景下，对于那时的我来说，她的质问无疑是一个强烈的冲击。我感到了内心强大的波动，久久不能释怀。

她所说的一切对我来说并不陌生，我也并非是第一次听到这样的质问。因为我也常常问自己同样的问题，也常听到别人问同样的问题。但是，我从没有用过这样的角度来面对这个问题。我很爱玛瑞亚，对她的痛苦我有极深的感受，我想要帮助她。如果，对于这个人类核心的问题，她能够为自己找出某种解答，她也许就可以找到一个新的起点。我也知道，若要助她一臂之力，我自己得先回答这个问题。可是，我竟然发现，我从来没有真正的答案。《我就是我》这首诗是我当时勉力以对的回答。

完成这首诗之后，十五年过去了。对玛瑞亚和我自己而言，那是一个全新的开端。这十五年间，有一些人读过这首诗，他们对我说："你的诗帮助我把很多事情想通了。能不能送给我一份？我好送给我的朋友们。"我收到太多类似的请求，而使之成书成了我最好的解决方法。

我

就是

我。

I

am

me.

02

天下之大，

却无一人

与我完全相同。

In all
the world,
there is
no one else
like me.

04

有一些人

某些部分像我，

但没有任何一人

和我一模一样。

The are persons
who have some parts like me,
but no one
adds up exactly
like me.

06

所以，

一切出自我的，

都真真实实属于我，

因为

　　那是我自己的选择。

Therefore,
everything that comes
out of me
is authentically mine,
because
I alone chose it.

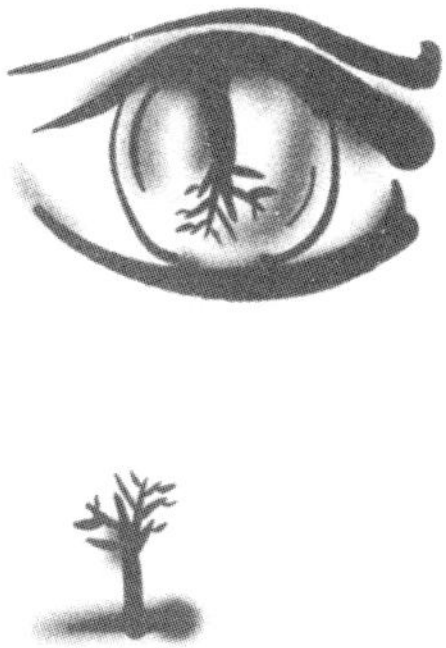

或许你现在正处于一种境况之中，
在你的人生中，
自我认识开始萌芽、成长。

我

拥有

属于

我的

一切。

I
own
everything
about
me.

我的身体，
以及
一切
它的举动；

My body,
including
everything
it does;

我的思想，

以及

所有的

想法和意念。

my mind,
including
all its
thoughts and ideas;

16

我的眼睛，

以及

一切

所看到的影像；

my eyes,
including
the images
of all they behold;

我的感觉，
不论它是什么，
愤怒、
喜悦、
受挫、
爱、
失望、
兴奋；

my feelings,
whatever they may be,
anger,
joy,
frustration,
love,
disappointment,
excitement;

你将引导自我去发现，
并享有生命的可能性，
以及更接近自我的奇迹。

我的口，

和一切

从中所说出的

话语，

my mouth,
and all the
words that
come out of it,

温文有礼的，

甜美的或粗鲁的，

对的或不对的；

polite,
sweet or rough,
correct or incorrect;

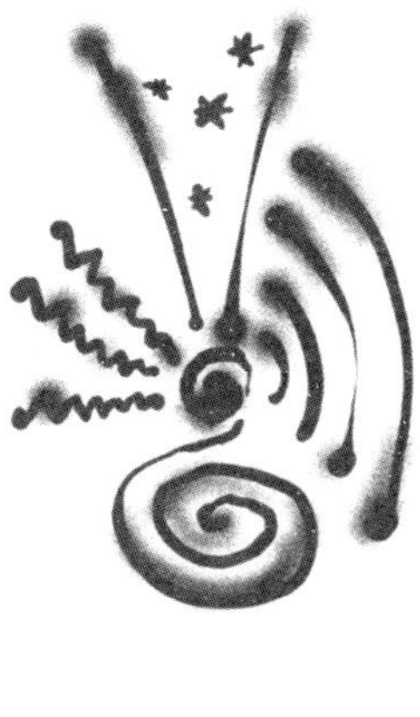

我的声音，
大声的
　　或
　　轻柔的；

my voice,
loud
or
soft;

以及我所有的行为，

不论是

对别人的

还是

对自己的。

and all my actions,
whether they be
to others
or
to myself.

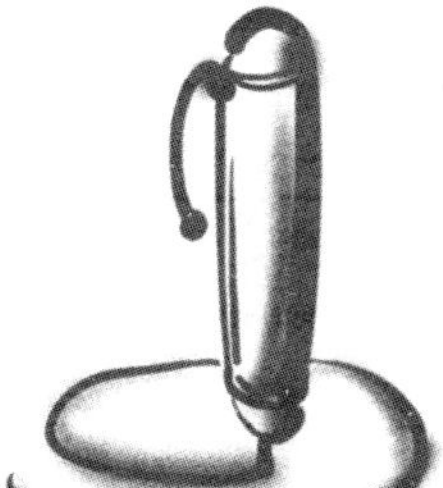

你发现你的生命可以
重新展现新的方向，
这一切都是为了你自己。

我拥有

我的

幻想，

我的

梦想，

I own
my
fantasies,
my
dreams,

我的

希望，

我的

恐惧。

my

hopes,

my

fears.

任何带给我们新的希望、
新的可能性和积极能量的感受，
都能使我们成为更完整的人。

我

拥有

我

所有的

胜利

和

成功，

I

own

all

my

triumphs

and

successes,

我

所有的

失败

和

错误。

all
my
failures
and mistakes.

我拥有一切属于我的，
包括我的思想
以及所有的想法和意念。

因为我拥有

我自己的一切，

我可以

和自己

成为亲密熟悉的朋友。

Because I own
all of me,
I can
become intimately
acquainted with me.

由此，

我可以爱自己，

并且能够和我的每一部分

友善相处。

By so doing,
I can love me,
and be friendly with me
in all my parts.

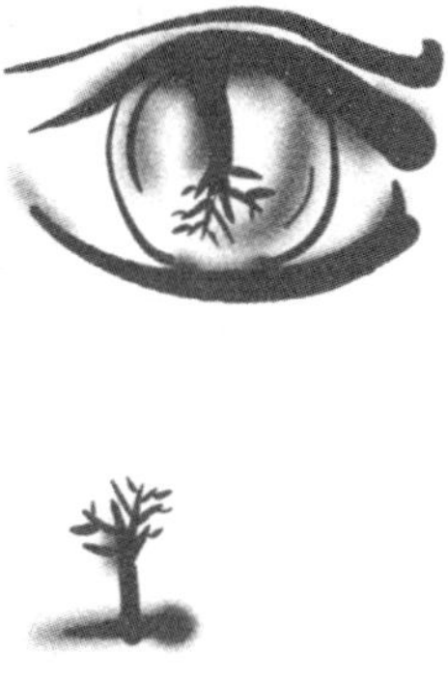

然后，

我可以

使整体的我

和谐运作，

带给自己最大的福祉。

I can then
make it possible for all of me
to work in my best interests.

我拥有
我的幻想，
我的梦想，
我的希望，
我的恐惧。

52

我知道

我有

一些部分

让我自己

感到困惑，

I know
there are
aspects
about myself
that
puzzle me,

也有

其他

部分

是我自己

也

不知晓的。

and
other
aspects
that
I do not
know.

我拥有
我所有的胜利和成功，
我所有的失败和错误。

58

不过，

只要

我对自己

友善且爱，

But
as long as
I am friendly
and loving to myself,

我就能

勇敢地、满怀希望地

寻找

困惑的

解答，并且

I can
courageously and hopefully
look for
the solution to
the puzzles and

寻求

方法

　　以期更了解

自己。

for ways to
find out
more about me.

我们将在和他人的关系中，
活得更富人情味、
更真实、更可爱。

不论我在
某一个特定的时刻
看起来、听起来如何，

不论我
说什么、做什么
或
想什么、感觉到什么，
这都是我。

However I look and sound,
whatever I say and do,
and
whatever I think and feel
at a given moment in time
is me.

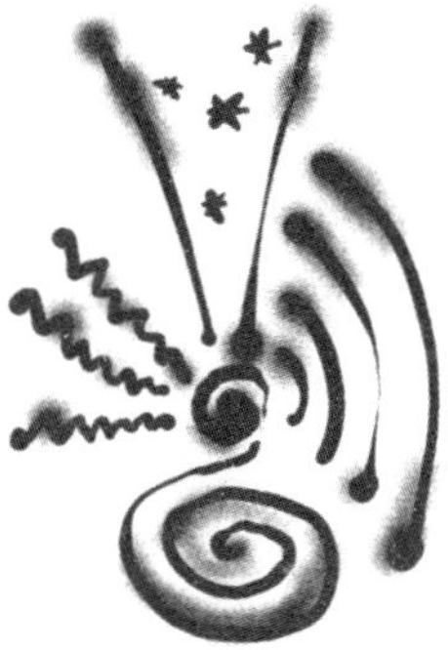

这是真实的

而且

代表了那个时刻

的我。

This is authentic
and
represent where I am
at that moment in time.

美好的事情若经常发生，
对我们而言，
这世界就会成为更美的地方。

稍后

当我

回想

当时自己看起来、听起来的样子，

自己所说过的话和做过的事，

以及自己的想法和感觉，

When I
review later
how I looked and sounded,
what I said and did,
and how I thought and felt,

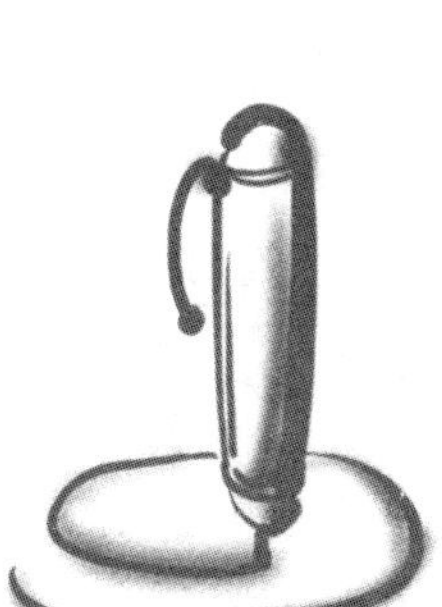

有些部分

也许

显得

不合适。

some parts

may

turn out

to be

unfitting.

我可以

摒弃

那些

不合适的，

而保留

那些

经过证明

合适的。

I can
discard that
which is unfitting,
and keep that
which proved
fitting.

78

并且

创造

一些新的，

以替代

那些

被我

摒弃的。

And
invent
something new
for that
which
I discarded.

我很重要，
你很重要。
发生于你我之间的，也很重要。

我可以

看，

听，

感觉，

思考，

说话，

和做事。

I can
see,
hear,
feel,
think,
say,
and do.

我有

足以生活下去、

与人亲近

和创造的

工具，

I have the tools
to survive,
to be close to others,
to be productive,

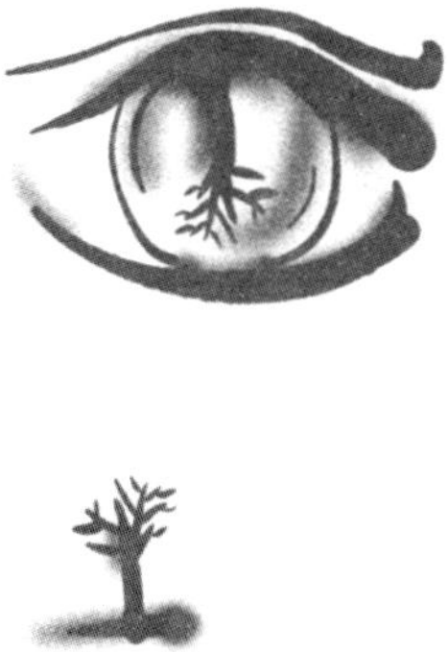

并且能够使

我周围的人事物

呈现出意义和秩序。

and to make sense and order
out of the word of people
and things outside of me.

我永远“承载”我自己，
我属于我自己，
我重视我自己。

我

拥有

我自己,

I

own

me,

所以

我

也能

掌管

我自己。

and
therefore
I
can
engineer
me.

我

就是

我自己。

I

am

me.

而且

我

很好。

And
I am
okay.

或许你现在正处于一种状态下，

在你的人生中，

自我认识开始成长，

那么这本诗集会带给你一些影响。

或许你读这本诗集的时候会体会到

别人所拥有的——

或者你对自我价值的看法。

引导并享有生命的可能性，

以及更接近你自己的一个奇迹，

都再次得到肯定。

你发现你的生命可以

重新展现新的方向，

这一切都是为了你自己。

对我而言，

任何带给我们新的希望、

新的可能性和

对自己的新的积极感受的东西，

都能使我们成为更完整的人。

因此，也使我们在和他人的关系中，

更富人情味、更真实、更可爱。

如果这些经常发生，

对我们而言，

这世界就会成为更美的地方。

我很重要，

你很重要。

发生于你我之间的，也很重要。

既然我永远“承载”我自己，

我属于我自己，

我就永远可以带给你、还有我自己

一些什么——

新的资源、

新的可能性，

不同的相处之道，

并能重新再获新生。

爱你的维吉尼亚 • 萨提亚